I0171385

Todos los libros de Linkgua Ediciones cuentan con modelos de Inteligencia Artificial entrenados por hispanistas. Pregúntale al chat de tu libro lo que desees acerca de la obra o su autor/a.

Para ebooks: Accede a nuestro modelo de IA a través de este enlace.

Para libros impresos: Escanea el código QR de la portada con tu dispositivo móvil.

Obtén análisis detallados de nuestros libros, resúmenes, respuestas a tus preguntas y accede a nuestras ediciones críticas generativas para una experiencia de lectura más enriquecedora.
La transparencia y el respeto hacia la autoría de las fuentes utilizadas son distintivos básicos de nuestro proyecto. Por ello, las respuestas ofrecen, mediante un sistema de citas, las fuentes con las que han sido elaboradas.

Francisco Morillo

Diario del viaje al río Bermejo

Barcelona 2024
Linkgua-ediciones.com

Créditos

Título original: Diario del viaje al río Bermejo.

© 2024, Red ediciones S.L.

e-mail: info@linkgua.com

Diseño de cubierta: Michel Mallard

ISBN tapa dura: 978-84-9953-314-8.
ISBN rústica ilustrada: 978-84-9953-050-5.
ISBN ebook: 978-84-9953-049-9.

Cualquier forma de reproducción, distribución, comunicación pública o transformación de esta obra solo puede ser realizada con la autorización de sus titulares, salvo excepción prevista por la ley. Diríjase a CEDRO (Centro Español de Derechos Reprográficos, www.cedro.org) si necesita fotocopiar, escanear o hacer copias digitales de algún fragmento de esta obra.

Sumario

Brevísima presentación

Fray Francisco Morillo nos narra su viaje a lo largo de las orillas del río Bermejo, uno de los ríos más importantes de la Cuenca del Plata, y uno de los accidentes geográficos más notables de la región del Gran Chaco. Nace en las sierras de Santa Victoria y desemboca en el río Paraguay.

La primera exploración del río por colonos europeos se llevó a cabo en 1780, cuando Francisco Morillo y otros veinte marineros remontaron su curso intentando encontrar un medio de transporte que los misioneros pudieran utilizar en sus viajes hacia el interior.

Presentación: proemio al Diario del padre Morillo

Lo que nunca pensó hacer el poder colosal de España durante su larga dominación en el Nuevo Mundo, lo ejecutó un pobre religioso, que en su frágil canoa se lanzó entre un enjambre de bárbaros por una senda desconocida. Destinado a ejercer las funciones de capellán en la expedición proyectada en 1780 para reconocer la posibilidad de navegar el Bermejo, el padre Morillo, cuya relación publicamos ahora, cargó con la responsabilidad, y usurpó la gloria de esta empresa: y sin empeñarnos en justificar los arbitrios de que se valió para realizarla, nos corresponde exponer las ventajas que pueden sacarse de tan importante descubrimiento.

Esta investigación nos conduce a examinar una opinión de Azara sobre los proyectos de colonización del Chaco, que declaró, si no imposibles, al menos estériles en sus resultados:—opinión falsa, vertida en un momento de irritación contra el gobernador Alós y el obispo Cantillana que los patrocinaban.

El crédito de este escritor ha bastado para hacer dudar de lo que nos parece evidente, ni se necesitan muchas pruebas para impugnarlo. Apoyaremos nuestras conjeturas en los hechos más obvios, porque lo que más importa es popularizar una idea provechosa.

Antes de engolfarnos en estos cálculos, sentimos la necesidad de presentar en bosquejo los tres ensayos de navegación practicados hasta ahora en el río Bermejo. El más antiguo es precisamente el que forma el objeto del presente diario. Empezó el 17 de noviembre, y se acabó el 16 de febrero, cuyos meses corresponden a los de junio, julio y agosto en el otro hemisferio, y por consiguiente a la estación más cálida del año. De estos 92 días hay que rebajar 67, pasados en las reducciones de San Bernardo el Vertiz, y de Lacangayé; quedando apenas 25 días útiles para el viaje emprendido desde los arranques navegables del Bermejo hasta su desembocadura en el río Paraguay.

En este intervalo recorrió el padre Morillo la distancia de 352. leguas, mientras que el coronel Cornejo había empleado 30 días para sacar sus canoas del río de Ledesma, y otros 34 para llegar poco más allá de las juntas del río Colorado con el de Jujuí.

En el diario que examinamos, esta distancia se halla distribuida del modo siguiente:—

Leguas.

———

70. Desde las juntas del río de Jujuí con el de Tarija,[1] hasta los Caimanes.

146. Desde los Caimanes, hasta la reducción de San Bernardo el Vertiz.

25. Desde San Bernardo, hasta la reducción de Lacangayé.

61. Desde Lacangayé, hasta el Paso de los Guaycurús.

33. Desde el Paso de los Guaycurús, hasta el Salto de Isó.

18. Desde el Salto de Isó, hasta la confluencia del Bermejo con el Paraguay.

———

353.

====

1 Este punto de reunión del Río Grande de Jujuy con el de Tarija o Bermejo, se llama Juntas de San Francisco, o simplemente las Juntas. Dista cerca de 70 leguas de Tarija, 50 de Jujuy, y 16 de Oran. Nos valdremos en adelante del nombre de Juntas para señalar este punto, que es también donde el Bermejo empieza a ser navegable.

Las naciones, o tribus, establecidas en ambas orillas, eran los Mataguayos hasta los Caimanes; los Matacos, los Chunupíes, los Malbaláes, los Sinipíes, los Atalaláes, y los Tobas, hasta Lacangayé; y estos últimos mezclados con los Mocobíes, desde esta reducción hasta el río Paraguay.

La profundidad del río, que fue sondeado diariamente con el mayor esmero, era (donde menos) en las orillas 6 cuartas, y en el medio, de 3 hasta 9 varas; excepto en un solo paraje donde quedaba reducida a 2.

El diario de Cornejo (cuyo viaje empezó el 9 de julio, y se acabó el 20 de agosto de 1790) no está del todo conforme con estos detalles: en lo que más discrepa es en las distancias; por ejemplo:

Según Morillo. —— Según Cornejo.

——— ———

Desde las Juntas,
hasta el arroyo del Caimán 70 —— 85.
Desde este arroyo,
hasta San Bernardo
el Vertiz 146 —— 112
Desde San Bernardo,
hasta Lacangayé 25 —— 26
Desde Lacangayé,
hasta el Paso
de los Guaycurús 60. —— 88.
Desde el Paso
de los Guaycurús,
hasta el Salto de Isó 33 —— 27.
Desde el Salto de Isó,
hasta la confluencia
del Bermejo
con el río Paraguay 18 —— 26.

‒‒‒ ‒‒‒
Distancia total,
desde las Juntas
hasta la desembocadura
del Bermejo
en el río Paraguay 352. ‒‒ 366.
===== =====

La sonda, que forma la parte más esencial del reconocimiento de Morillo, se halla confirmada por Cornejo en la introducción de su diario, donde dice: «que por mucho que explaye el río no le falta canal, y en ella tres varas de fondo».

El último explorador del Bermejo ha sido el señor Soria, que tuvo la desgracia de caer en poder del Dictador del Paraguay en donde permaneció por espacio de cinco años. El informe que publicó[2] al salir de su cautiverio, se funda en los pocos recuerdos que le quedaban de este viaje, por haber sido despojado de sus papeles: la misma suerte cupo al señor Descalzi que lo acompañaba en clase de piloto. Los pormenores de esta empresa, en lo que toca al río, pueden reducirse a los siguientes. La navegación duró 59 días, desde el 15 de junio hasta el 12 de agosto de 1826, estando el río en estado de decrecencia, a lo que debe atribuirse la lentitud del viaje. El barco era plano, de dos proas, con 52 pies de quilla, 16 de manga, y 3. de puntal, medida de París. Calaba 22 pulgadas, y en ninguna parte tenían las aguas menos de 25 pulgadas, elevándolas las corrientes, donde menos, hasta 4 varas. Las lluvias empiezan en octubre, y duran hasta fin de marzo. Los ríos crecen desde noviembre hasta marzo, y decrecen desde abril hasta octubre. Los meses de mayor caudal son enero, febrero, marzo; y los de más baja, julio,

2   Informe del Comisionado de la Sociedad del río Bermejo a los señores Accionistas. Buenos Aires, 1831, en 4.°

agosto y septiembre, sin que deje el río de ser navegable. Sus corrientes son mansas, y ni aun cerca del Salto de Isó pueden decirse violentas.

Este último trozo del Bermejo fue navegado también por el coronel Arias, acompañado del padres Morillo, que se le juntó en Lacangayé; y por consiguiente esta excursión debe considerarse como el complemento del viaje de aquel religioso. Salieron de la reducción de Lacangayé el 9 de febrero de 1781, y desembocaron al río Paraguay el 16 del mismo mes; recorriendo en estos siete días (o más bien seis, por haber empezado el viaje a las 4 de la tarde del primer día, y concluidose en el Bermejo al mediodía del último) una distancia de 120. leguas, a saber:

Leguas.
———

De Lacangayé al Paso de los Guaycurús 53.
Del Paso de los Guaycurús al Salto de Isó 49
Del Salto de Isó a la confluencia del Bermejo
con el río Paraguay 18
———

120.
=====

La sonda varió desde nueve cuartas hasta nueve varas, y en la desembocadura del río no alcanzó a su fondo. El único tropiezo de esta navegación fue el Salto de Isó, —banco de greda, de 6 a 7 pies de elevación perpendicular, formado en un punto donde se divide el río al rededor de un islote de cerca de media cuadra de largo. Si, como nos parece probable, este obstáculo debe su origen a la acumulación sucesiva del sedimento de las aguas, producida por algún tronco atravesado en la canal, nada más fácil que removerlo para dejar desembarazada en todas sus partes la navegación del

Bermejo: aunque no pueda decirse que el banco la estorbe, puesto que pasaron por encima de él, Morillo, Cornejo y Soria, y los dos últimos, estando el río en estado de decrecencia.

Para que se cotejen las épocas, y la duración respectiva de estos reconocimientos, las reasumiremos en la siguiente tablilla.

EMPEZÓ. SE ACABÓ. DURÓ.

El viaje

de Morillo —el 17 de noviembre de 1780

el 16 de febrero de 1781 25 días útiles.

——— Cornejo —el 9 de julio de 1790 el 20 de agosto siguiente 42

——— Soria —el 15 de junio de 182[?] el 12 de agosto siguiente 58

Resulta, pues, que de las tres navegaciones (que son hasta ahora las únicas que se han emprendido en el río Bermejo) la más rápida fue la primera, y la más lenta la última, guardando un orden inverso del que suele presentar esta clase de empresas.

En todos los diarios se pondera la extensión de los campos, la feracidad del suelo, y el aspecto pintoresco de las vegas, sombreadas de una variedad de árboles, tan lozanos como corpulentos. Los cedros, los vinales, los lapachos, los algarrobos, etc. ostentan dimensiones colosales, y cuentan siglos, de existencia.

Las tribus litorales son agrestes, pero no feroces, y ninguna de ellas se ha resistido al deseo de colonizarlos. El mal éxito de estos ensayos debe buscarse en otras causas, y algunas de ellas hemos indicado en nuestros precedentes artículos.

Es prueba del índole dócil de estos indígenas, la facilidad con que se prestaron a las insinuaciones de Matorras, a los planes de Arias, al tránsito de todos los que han explorado el Bermejo, mal escoltados y sin influjo en los jefes de estas tribus. Cornejo pasó con 32 individuos, Soria con 21, y el padre Morillo con 4, incluso su pajecillo.

En el Informe a los accionistas, etc.[3] se hace mención de un viaje de Azara al Bermejo: —viaje, del que no se halla vestigio alguno en sus obras, y tampoco en los papeles inéditos que dejó en manos de su amigo Cerviño, y que forman ahora parte de nuestra colección. La poca exactitud con que habla el señor Soria de los que le precedieron en su navegación, y la omisión muy notable que en la reseña histórica hace del viaje del padres Morillo, nos inducen a dudar del que atribuye a Azara. No sería extraño que hubiese equivocado las 20 leguas andadas por este marino en el Pilcomayo, con las que supone haya navegado en el río adyacente. Sea de esto lo que fuere, nada agregaría este hecho a los que hemos alegado para demostrar la posibilidad de navegar el Bermejo; y en cuanto a su conveniencia, procuraremos dar a nuestros argumentos toda la fuerza de una verdad demostrada.

Dos grandes caminos cruzan el territorio argentino: el uno sirve a las comunicaciones mercantiles de Buenos Aires con las provincias de San Luis, Mendoza, y la república de Chile: el otro, para las que la misma ciudad mantiene con Córdoba, Santiago, Tucumán, Salta, y Jujuy, cuya prolongación conduce a las provincias del Alto Perú, o Bolivia. El primero cuenta 319. leguas de extensión

3 hasta Mendoza, además de otras 104 para pasar de esta ciudad a la de Santiago de Chile por el desastroso paso de Uspallata en la Cordillera: y el segundo, abraza una extensión de 528 leguas, hasta Laquiaca, que en esta dirección marca el punto de contacto de la República Argentina con la Boliviana.

3   Pág. 6.

Esta última distancia se subdivide en el modo siguiente:
De Buenos Aires a Córdoba 192
—Córdoba a Santiago del Estero 130
—Santiago a Tucumán 40
—Tucumán a Salta 89
—Salta a Jujuy 18
—Jujuy a Laquiaca 59
————
528 leguas.
=====

Veintinueve leguas antes de llegar a Laquiaca, saliendo de Jujuy para el Perú, se halla Humahuaca, que según Cornejo, dista 22 leguas de las juntas del río de Jujuy con el de Tarija, donde ambos ríos, con el nombre de Bermejo, empiezan a ser navegables.

Las Provincias Argentinas no tienen más medios de conducción que los carros, de los que hay grandes talleres en Tucumán; y a pesar de la buena calidad de las maderas que se emplean en esta clase de obras, así como de su fuerte construcción, no duran arriba de dos años, por la aspereza de los caminos, y la acción alternativa del Sol y de las lluvias, a que quedan expuestos continuamente.

Puede sentarse que en este bienio una carreta hace cuatro veces el camino de Buenos Aires a Salta (dos de ida y dos de vuelta, lo que llaman en el país dos viajes redondos). No todos los meses del año son a propósito para estos viajes, aunque ninguno esté exceptuado para emprenderlos. Los troperos prefieren salir de Salta en el mes de abril, o mayo, en que disminuyen los arroyos y las cañadas, y evitan hacerlo en los de julio, agosto, septiembre y octubre, por la suma escasez de aguas y pastos.

Es muy notable que no sigan la misma regla en su regreso: por que el tiempo que consideran más a propósito para cargar en Buenos Aires, es desde abril hasta mediados de noviembre. Tal vez se explique esta anomalía por la necesidad de aprovechar el tiempo y de no aumentar los gastos de cada viaje redondo, como sucedería si se tuviese que aguardar en Buenos Aires los meses más favorables.

Estas expediciones suelen hacerse en tropas de 14 carretas, cuyo número adoptaremos por base de nuestros cálculos.

El precio ordinario de una carreta, comprada en Tucumán, es de 50 pesos,[4] y por consiguiente el costo total de las 14 carretas será de 700 pesos, las que, según dijimos, quedan inutilizadas al cabo de dos viajes redondos: y por consiguiente cargaremos a cada uno de ellos la mitad, o $350

El viaje de Salta a Buenos Aires se hace con tres mudas de bueyes. La 1.ª de 100 animales, de Salta a Tucumán; la 2.ª de 130, de Tucumán a los arroyos de Buenos Aires; y la 3.ª de 84, de los arroyos a la capital. La segunda de estas mudas suele ser propiedad del tropero, y cuesta a su dueño 910 pesos, a razón de 7 pesos cada buey: cuyo interés, al 1. por ciento al mes, suman en cada año 1636

Los demás bueyes los obtiene, fletándolos al precio de 2 pesos cada uno; y por consiguiente, por los 184 que le faltan, tendrá que desembolsar 368 pesos para llegar a Buenos Aires, y otros tantos para volver a Salta, total en cada viaje redondo 736

Entre animales extraviados o muertos, y el salario de los peones para devolver los que quedan a sus respectivos dueños, debe calcularse, cuando menos, un quebranto de 500

Salario de 21 sirvientes, incluso el capataz 1, 210

---

4 Todos los gastos están regulados en pesos fuertes, de a 20 reales de vellón cada uno.

Importe de 60 reses para su manutención durante un viaje redondo 300

Derechos de peajes, pasaportes, etc. 266

———— ——

$3, 525 6

===== ===

En el viaje de Salta a Buenos Aires se emplean de 80 a 90 días, y algo menos en la vuelta. Sin embargo, las paradas, las invernadas, los descansos, absorben otros seis a siete meses: así es que en último resultado se tiene que invertir un año entero en cada viaje redondo, cuyos beneficios para el tropero, a pesar de ser muy subidos los fletes,[5] no corresponden ni a sus erogaciones, ni a sus afanes. Agréguense las dificultades que ofrecen en estos viajes, el paso de infinitos arroyos, las averías que ocasionan, y a veces los peligros que presentan, y se convendrá en la necesidad de arbitrar medios de conducción más prontos y menos costosos.

No es posible calcular con la misma precisión los trasportes por agua, por ser insuficientes los datos que nos han transmitido los navegadores del Bermejo.

Ninguno de estos reconocimientos lleva el carácter de científico, y vano sería buscar en ellos los elementos necesarios para determinar el estado normal del río, las causas y los efectos de sus alteraciones, la fuerza de las corrientes, los vientos periódicos o dominantes, los auxilios u obstáculos que presentan a la navegación; siendo hasta problemática la verdadera profundidad de las aguas, que Morillo y Cornejo regulan, cuando menos, en 3 varas, mientras que Soria y Descalzi la reducen de 20 a 25 pulgadas.

5   El flete de 14 carretas de Buenos Aires a Salta, inclusos los derechos de tránsito, es 2, 800 pesos, y 2, 100, a la vuelta. Importe de los fletes de un viaje redondo 4, 900.

En la imposibilidad de verificar estos cálculos, nos vemos obligados a preferir los más desfavorables, aunque dudamos de su exactitud: y por consiguiente a los barcos de 8.000 arroba, que los primeros exploradores del Bermejo consideraron a propósito para esta navegación, substituiremos las balandras de 25 a 26 toneladas, que necesitan menos fondo que el indicado por Soria.

Tal vez convendría adoptar el principio, recién admitido en Francia por la Compañía general de la navegación de los ríos, etc., de aplicar a los trasportes marítimos las fuerzas locomotivas de los terrestres; estableciendo convoyes, o tropas de barcos, como las hay de carretas, y poniendo al remolque de un buque de vapor muchos otros de carga, del mismo modo que un carro de vapor arrastra a los waggons en los carriles de fierro. De este modo se obtendría un grande ahorro en los gastos, y podrían reducirse notablemente las dimensiones de los barcos. Pero, aun cuando tuviésemos que circunscribirnos a los medios ordinarios de conducción, siendo susceptibles los barcos (en nuestra hipótesis de ser de 25 a 26 toneladas) de recibir la carga de 14 carretas,[6] resultará que el flete de una balandra debería subir a 3, 525 pesos 6 rs.

metálico, para igualar el de una tropa de carretas, lo que no necesita demostración para probar que es imposible.

El costo principal de un barco de 25 toneladas, es de 4, 500 pesos, al que no daremos más duración que 15 años, en los cuales se necesitarán otros 400 pesos anuales para conservarlo en buen estado de servicio.

Gastará pues el empresario de un barco, cada año:

6   Cada 80 arrobas componen una tonelada, y por consiguiente un barco de 26 toneladas admitirá 2, 080 arrobas, carga casi igual a la que recibe una tropa de 14 carretas.

Interés de los 4, 500 pesos invertidos en la compra del
barco, al 1. por ciento al mes 810
Gastos de manutención del barco 400
Salario, y víveres de la tripulación[7] 1, 500
Derechos de peajes, pasaportes,
—del práctico 300
—de 4 marineros 480
—provisiones 500

————

Por cada dos viajes 1, 580

=====

etc., para dos viajes (suponiéndolos
iguales a los que paga un tropero) 532

————— —

3, 242
Los que multiplicados por 15

————— —

Dan un total de... 48, 630

===== ==

Mientras el tropero, en el mismo
periodo, tendrá que desembolsar
cada año 3, 525 6
Los que multiplicados por 15

————— —

Dan un total de... 52, 886 2

===== ==

Pero con esto hará 15 viajes redondos, cuando al otro
realizará 30. Y no solo se conseguirá más actividad en las
transacciones mercantiles, lo que es de suma importancia en
un país donde el interés del dinero es tan alto, sino que se

7 Sueldo del patrón 300 al año

20

evitarán las averías tan frecuentes como perjudiciales en el actual sistema de conducción.

Si no nos retrajese el temor de fastidiar con detalles minuciosos a los que solo se fijan en los resultados, probaríamos que en esta larga y penosa travesía de Buenos Aires a Salta, casi no hay paso que no sea un tropiezo.

Sin poner en cuenta los temporales, los huracanes, las polvaredas por un lado, la falta de agua, de abrigo y de recursos por otro, son imponderables las dificultades que presenta el vado de los infinitos arroyos y cañadas que inundan todo el camino; sobre todo el de los ríos de Santiago, del río Pasaje, del Tercero de Córdoba en el verano, de los arroyos de Buenos Aires en el invierno. Hay cañadas que no pueden transitarse en un día, y en que los animales tienen que trasnochar, hundidos en el agua hasta el vientre. Cuando el viaje es feliz se descargan dos veces las carretas en la provincia de Santiago, una tercera vez en Tucumán, y muy pocas son las tropas que llegan a su destino sin que se le vuelque algún carro, cuyos accidentes, ordinarios o fortuitos, ocasionan crecidos gastos, trabajos y quebrantos.

Pero ¿de qué serviría ponderar más los inconvenientes de los transportes terrestres, cuando son palpables las ventajas que ofrecen los marítimos? Los comprenderemos en pocos renglones para hacerlas más evidentes.

Un tropero gasta 52, 886 pesos 2 rs. para hacer 15 viajes redondos de Buenos Aires a Salta; y un barquero, 48, 630 para duplicarlos: en otros términos, la conducción de 2, 100 arrobas costará

—— en carretas... 3, 525 o

—— en barco, la mitad de 3, 242, o 1, 621

Lo que importa un ahorro de más de la mitad en los fletes.

Pero estos cálculos por demasiado rigurosos son inexactos. Ninguna reducción puede hacerse en los gastos de una tropa de carretas, mientras que todo es susceptible de economía en un barco. Su capacidad, por el nuevo sistema de construcción adoptado en esta clase de embarcaciones, puede ser casi doble; y con el auxilio del vapor los seis meses que hemos asignado a cada viaje redondo, tal vez alcancen a emprender tres.

La vida de un barco es también más larga que la que le hemos supuesto, sobre todo si se emplean (como es natural) en su construcción las exquisitas maderas de Corrientes, o del Paraguay. Queda por último el casco del que puede sacarse una tercera parte de su costo en su mayor deterioro.

De esta empresa pende en gran parte el porvenir de estas provincias. El primer buque que descargue a la vista de las serranías de Centa, producirá un cambio total en las relaciones mercantiles de esta parte del globo. La facilidad de extraer del corazón del Perú los ricos productos que abriga, fecundizará muchos gérmenes de prosperidad, desatendidos o ignorados; la civilización se difundirá con la industria, y una y otra mejorarán la suerte de tantos pueblos sumidos aun en su primitiva barbarie. El aislamiento en que yacen es un obstáculo insuperable a sus progresos. Los Abipoues, los Tobas, los Chiriguanos, los Juracares, vagan ahora, como vagaban en los primeros años de la conquista, por los hermosos campos que se despliegan desde las orillas del Paraná, hasta las fuentes del Mamoré y del Guapay. Insensibles a los encantos de la naturaleza, se arrastran tristemente por aquellas soledades, que solo aguardan la mano del hombre inteligente para convertirse en una mansión deliciosa.

Cuando esto suceda, se preguntará, ¿Quien fue el audaz argonauta que surcó primero las aguas del Bermejo? ¿Qué fruto recogió de sus trabajos? y ¿dónde está el monumento que se levantó a su memoria...?

Hemos interrogado a varios contemporáneos del padres Morillo, y todos los datos que nos ha sido posible adquirir acerca de su persona se reducen a los siguientes.

Nació en el reino de Andalucía, y vistió temprano el hábito de los Recoletos.

Movido del deseo de emplearse en la conversión de los infieles, pasó a América, donde llegó a ser prelado de su orden en la provincia de Salta. La parte que tomó en la expedición del coronel Cornejo aparece en su diario, y por más fundadas que sean las quejas de este jefe, no bastan a arrebatarle la gloria de un importante descubrimiento.

La enemistad de un rival poderoso le obligó a separarse de sus hermanos de Salta, y fue a buscar un asilo a Montevideo, donde acabó su vida en el claustro al rayar de la presente centuria.

Si algún pensamiento mundano se mezcló a las últimas efusiones de su corazón religioso, el recuerdo de la navegación del Bermejo debió llenarlo de esperanzas, y arrancarle el grito consolador de

Non omnis moriar...

Pedro de Angelis.
Buenos Aires, julio de 1838.

Diario de Morillo

El año del señor de 1780 de la era vulgar, salí con el capitán subalterno, don Adrián Cornejo, del nuevo astillero del Río de Ledesma, distante de la ciudad de Salta 38 leguas, y de la de Jujuy 26, en compañía de 20 individuos, que era el número de esta fluvial tripulación: en un barco de ocho varas de quilla y dos canoas; siendo nuestra derrota hasta la ciudad de Corrientes, descubriendo este camino hasta hoy no descubierto. Dicha expedición era a costo; y costas del referido Cornejo, por haberlo así prometido al Soberano, salvo a mi su Capellán, que venía sin pre alguno.

Salimos, pues, del astillero citado, a medio acabar el barco, y caminando por dicho Río de Ledesma, por espacio de treinta días, avanzamos tan solo tres leguas de camino por lo pobre de sus aguas, e igual pobreza de peones.

El 4 de Setiembre llegamos al Río de Jujuy, cuyo curso gira de S. a N, en el que se incorpora dicho Río de Ledesma: siendo su nacimiento de una sierra así llamada, a la parte del poniente; y a sus márgenes a la parte del S, distante dos leguas, se halla una reducción llamada San Ignacio de Tobas, a cargo de los religiosos de mi orden; y un presidio llamado San Bernardo: y a la parte del N, en distancia de una legua, se halla el Fuerte de Nuestra Señora del Rosario de Ledesma, construidos uno y otro en la jurisdicción de Jujuy.

Caminando a las 6 leguas, llegamos a las juntas del Río de Ocloyas, habiendo caminado tres días para avanzar dichas 6 leguas; y el día 7 de Setiembre llegó Cornejo a dichas juntas. A la sazón me hallaba yo en este sitio a la expectativa de dicha embarcación, y al cuidado de los víveres que aquí estaban: y el mismo día de su arribo se bendijeron por mí el barco y canoas: y cargando los mantenimientos, avisó el práctico Guzmán, de nación paraguayo, ser cortos, y el camino dilatado: a lo que respondió el capitán comandante, que en la entrada que había hecho Pizarro su gente se había mantenido con perros: que en Lacangayé le proveería el comandante general Arias.

Este Río de Ocloyas es de más aguas que el de Ledesma: debe su origen al famoso Cerro de Calilegua, que está a la parte del poniente, y su curso va al naciente.

El 8 de Setiembre, a la una de la tarde, salimos de la incorporación de este río con el de Jujuy; y navegando por este, al cuarto de legua se encalló el barco, y fue preciso sacar la carga y parar hasta el siguiente día.

El 9, como a las once del día, se puso el barco en franquía, y caminando aquel día y tres más.

El 13 llegamos a las juntas del Río de Sora, observando en nuestro Río de Jujuy continuas vueltas de poniente a oriente; y en sus riberas sauzales y cejas de montes de pacaráes, cedros, lapachos, &a. Este Río de Sora se hace famoso por sus aguas; son gustosas y salubérrimas, a más de ser tan delgadas y esquilmadas. Nace este, como el antecedente, del Cerro de Calilegua, y dista ocho leguas de las antecedentes juntas, las que caminamos en cinco días. Aquí paramos hasta el día 16, y en este paraje se calafateó parte del barco, y se le puso techo de palos de sauces y cueros. Dista el Río de Sora del de Ocloyas, por tierra, 4 leguas. Tiene el Río de Sora su ingreso al oriente en el de Jujuy.

El 17, como a las once del día, salimos de las juntas de Sora, y caminando este con cinco días más, y encontrando dilatadas playas el 23, llegamos al río que llaman de las Piedras: habiendo observado en estas márgenes pasadas los mismos cañaverales, sauzales y montes, que antes se han notado en los demás ríos, y a sus riberas mucha palizada, que arrebata en tiempo de sus crecientes, distando estas juntas de las pasadas 13 leguas. Hasta aquí ha tenido de sonda el Río de Jujuy (que es el de nuestra navegación) media vara de agua, siendo sus playas continuadas. Debe este Río de las Piedras sus caudales al citado Cerro de Calilegua: dista del de Sora 7 leguas por tierra.

El 24 salimos de estas juntas de nuestro río. El 27 llegamos al Río Seco: no tributa este anuales pechos al de Jujuy, porque siendo sus arenales excesivos por donde pasa, convierte sus aguas en propia substancia, dando mérito a llamarle Seco, pues solo pecha en tiempo de crecientes; debiendo su origen al ya citado Cerro de Calilegua. Dista este río 9 leguas por agua del de las Piedras, y cinco por tierra. A la entra de este río con el de Jujuy, a la parte del poniente, observamos una barranca de tierra gredosa y colorada, de altura de 16 varas, y de longitud de media cuadra. En las márgenes de nuestro río se hallan famosas cejas de montes de todas maderas: continúan sus playas, y la sonda de estas poco más de media vara.

El 27, saliendo de esta jornada, y siguiendo nuestro río, el dos de octubre llegamos al río que llaman Colorado. Debe este su ser al expresado Cerro de Calilegua, y al tributar este aguas al de Jujuy, forma una grande laguna al lado del poniente. Tiene a sus riberas gran copia de maderas que arrebata el río en sus crecientes: es este río muy pantanoso, y con dificultad lo pasan a caballo en sus pasos. Su sonda en la entrada tiene poco más de cuarta de agua, y esta es encarnada como sangre: dista esta junta de la antecedente 8 leguas por agua, y por tierra 5.

En estas juntas paramos día 3 y 4, sin haber podido aventurar más camino que dos cuadras, pues la sonda de sus playas no llegaba a cuarta de agua.

Esta noche determinó el capitán comandante, que fuese uno a reconocer la distancia que había al Río de Tarija, y las playas del nuestro de Jujuy; y ofreciéndome yo a esta empresa, y pidiéndole me diese alguna regalía para gratificar los indios que encontrase, respondióme: no traía más que pólvora y balas. Y haciéndole presente ser preciso el cebo del regalo para sosegar a los indios, respondió: que si los demás entraban en sus conquistas con regalos, él no.

El 5, como a las ocho de la mañana, salí con el práctico Francisco Miguel Guzmán, en una pequeña canoa, quedando en este lugar dicho capitán comandante, con ánimo de caminar paulatinamente, y siguiendo aguas abajo el Río de Jujuy: a las nueve de la noche llegué a las juntas del Río de Tarija, con distancia de 12 leguas de donde dejé el barco.

El 6, habiendo reconocido las juntas de dichos ríos, caminé dos leguas más abajo, ya incorporados, reconociendo sus playas, y en estas tenían de sonda seis cuartas; y en los demás, de a cuatro y cinco varas. Regresé a buscar mi expedición, río arriba de Jujuy, y paramos entre unos sauzales a hacer noche.

El 7, a las cinco de la tarde, llegué a donde estaba el barco, que solo había caminado una legua escasa. A mi llegada, con las nuevas favorables que di de ser el río navegable desde las juntas con el de Tarija, se hizo una salva. Dijo el práctico Guzmán al capitán que de allí en adelante, hasta llegar a las juntas del Río Tarija, por causa de sus playas, gastaría cerca de un mes: que ya no había más que una petaca de bizcocho y otras dos menos de media, y de charque muy poco: que el camino era dilatado, que precisaba proveerse de comida, porque en adelante no había esperanzas de hallar auxilios, y que le avisaba esto, porque era de su obligación.

Impuesto de todo el capitán comandante, con consejo de los demás, determinó mandar letra al capitán del real Presidio de Centa, don Rafael Arias, para que le diese socorro. No sabemos de cierto donde caía dicho presidio; y haciéndome cargo de la presente necesidad, me ofrecí a practicar esta diligencia: y el día 8, al romper el Sol, salí en una canoita en compañía de dicho práctico y un muchacho llamado Quinteros. Tiré con estos río abajo, buscando las juntas del Río de Tarija, para que por él me pudiese conducir río arriba a mi destino.

El 9 llegamos al Río de Tarija como a las once del día, y caminando río arriba, observamos a su entrada tener a la parte del N una sierra alta. A la legua otra sierra al lado del S, una y otra montuosas; y por el medio de ellas corre este río. Se registran a una y otra margen cuantiosas maderas de nogales, laureles, cedros, quina-quina, pacaráes, lapachos, &a. La sonda de este día, de a cinco cuartas en lo menos, y lo restante de tres varas, salvo una canal de a tres cuartas su sonda: aquí paramos en un recodo a la parte del S, habiendo caminado este día 5 leguas.

El 10 salimos de este paraje, y caminando hacia el poniente, da el río dilatadas vueltas de N a S, y a la parte de este le entra un río llamado Santa Cruz, que debe su origen al dicho Cerro de Calilegua. Hállense en medio de este río unas piedras pómez: divídese el río en dos brazos, uno a la parte del S, y este tiene de dichas piedras; su sonda, de más de dos varas, y otro a la parte del N, que fue por donde pasamos; su sonda tres cuartas de agua. Hállanse diferentes piedras en medio del río, pero dan seguro paso. Al ponerse el Sol paramos en una de estas piedras, junto a una barranca que está al lado del N: caminamos este día 6 leguas. Su sonda, de más de tres varas, salvo las dichas canales: tiene el río barrancas altas y maderas de las ya dichas.

El 11 caminamos al salir el Sol: reconocimos bojeaba el río con mucha variedad, y tenía en sus márgenes barrancas tan eminentes que pasaban de treinta varias de altura; y a la legua encontramos una rápida canal que entraba por el N, y traía piedras menudas. Su sonda, de cuatro cuartas; y a la parte del S está una vistosa isleta, llena de árboles y laureles y otros árboles: tenía esta isleta como una legua de largo. Observamos ser tanta la copia de tigres este día, que de cinco y de seis paseaban las riberas. Se encuentra en medio del río una piedra pómez, de altura de dos varas, y de longitud doce, y de ancho dos y media varas; dividiendo el río en dos brazos: el del S con menos agua, y el del N con tres varas de agua.

Caminábamos escasos de comida, por habérsenos mojado la pólvora, que la caza era nuestro alimento; y sin saber como, de lo alto de una barranca cayó, al pasar, al río una cierva, y atracando la canoa, la tomamos viva, sin más lesión que estar desquijarada, quizá de la caída. Acordéme con este prodigio, de la promesa de mi Seráfico Patriarca, y le rendí las gracias con el Tedeum al Supremo Proveedor de todas las cosas. Paramos este día a puestas del Sol, al lado del S, junto a unas saucerías; y la sonda de este día, salvo las canales, fue de más de tres varas. Anduvimos 5 leguas.

El 12, al salir el Sol, seguimos nuestra navegación: a la legua encontramos una canal; la sonda de a vara. Hace aquí una vistosa isla de monte al S y N: aquí se divide el río en dos brazos; el del S es de más aguas. Observamos una barranca que mira al poniente, de desmedida altura; su cimiento de piedra pómez: aquí paramos. La sonda de tres varas; salvo las expresadas canales. Anduvimos este día tres leguas, por haber parado a mediodía.

El 13 caminamos al salir el Sol, y a poco paré, por haber enfermado, y me mantuve el 14.

El 15 caminé a las diez del día: a la legua se halla una canal, con sonda de menos de vara: sigue una encumbrada barranca al lado del N, como de una legua. Hace una isla de famosa arboleda, de largo media legua: da aquí el río una vuelta al S de legua; vuelve al N, que es su giro. Hace el río dos brazos, y en medio forma una isla de nogales; el del lado del N es de más agua. Vuelve a la legua a dividirse en dos brazos; el del N de más agua: su sonda dos varas; y lo demás de este día, salvo la expresada canal, de a tres varas. Anduvimos este día 4 leguas.

El 16, salimos al salir el Sol: da el río vueltas de N a S, y al poniente a una y otra margen hay elevadas barrancas con algunas cuevas, criaderos de tigres; y los hay con tal abundancia, que los veíamos de cinco y seis, pero sin hacer daño.

A la parte del N vimos una indiada; vino uno de ellos a la canoa, y díjome ser chiriguano. Los demás con la novedad se quedaron admirados: diéronme paso.

A la media legua se divide el río en tres brazos: el del medio es de más agua, pues tiene cinco cuartas: aquí hace una dilatada playa, y aquí finalizan las dos sierras de N a S. A la media legua, a puestas del Sol, llegamos al Río de Centa, que hasta este paraje llaman Grande al Río de Tarija.

El Río de Tarija corre del N: pasa por una elevada sierra, y es su curso muy despeñado hasta incorporarse al de Centa, que viene del poniente, a quien contribuyen sus aguas los ríos de San Andrés, San Ignacio e Iruya, cuyas vertientes vienen del Perú, y juntos componen el de Centa, así llamado: porque antes de llegar al frondoso Valle de Centa se llama de San Andrés; y aquí pierde el nombre este, y toma el de Centa, en cuyas márgenes está construido un fuerte y reducción de vistosa fabrica, que el año de 1779 hizo el señor don Andrés Mestre, actual gobernador y capitán general de la provincia del Tucumán: tiene este fuerte 40 plazas. La reducción es de indios Mataguayos y Orejones, que están al cargo de religiosos de mi orden.

Y caminando río arriba de Centa, sin saber donde estaba dicho fuerte y reducción, a la media legua encontré una senda. Aquí atamos la canoa, y salí a pie con el práctico a reconocer terreno: a poco encontramos con un paso del río y lo pasé desnudo; a poco encontramos con otro paso e hice lo mismo; y al otro paso me quedé a dormir esta noche.

El 17 al amanecer roguéle al práctico Guzmán fuera a ver si encontraba dicho fuerte, y que me trajese caballo para conducirme, pues me hallaba algo enfermo.

Salió en dicha solicitud, y a las ocho de la mañana trajéronme caballos dos partidarios, y a la legua de camino llegué a dicho fuerte, que dista de las juntas del Río de Tarija con el de Centa dos leguas. Entregué a mi llegada a dicho capitán la carta de mi comisión, y enterado de ella, dijo: que dicha carta contenía condujose seis reses vivas al mismo sitio donde estaba el barco; y no pudiendo verificar esta remesa, respondió en carta dicho capitán no podía ser por causa de los montes. Que en aquel fuerte daría las que necesitase, pues estaba pronto al socorro, como obra de servicio del rey su señor; pues conducirlas donde ordenaba no era posible.

Esta carta, con otra que yo escribí, remití a mi capitán comandante, en la que le decía, que distaba su casa 50 leguas de este fuerte, que suspendiese el viaje y se proveyese de manutenciones, que en doce días le era fácil proveerse. Esta carta la entregué al práctico Guzmán, y habiendo conchabado dos indios ladinos, acompañaron por tierra al dicho práctico, y por las señales que les dimos vinieron en conocimiento donde estaba el barco, y de su distancia, que serían 12 leguas. Salieron con las cartas a las diez del día: aquella tarde extendióse un rumor entre los indios, que venían en el barco indios Tobas, sus contrarios: y armados unos 50 indios, fueron en alcance de dicho Guzmán, al que no permitieron llegase al barco sin que primero ellos lo bombeasen, y registrasen qué gente venía en el barco: y habiendo visto no venían indios Tobas, lo condujeron al sitio del barco.

El 18 llegó dicho Guzmán donde estaba el barco, y habiendo tirado un tiro antes de llegar, viendo el acompañamiento de indios, los soldados de la expedición se asustaron, a caso por ser los primeros indios que habían visto. Entregó las cartas que llevaba; las leyó dicho capitán comandante, y leídas dijo a dicho práctico, «caminemos, y más que se quede el padre Capellán y la comitiva». A que respondió el práctico:

—«Yo no camino, a no dar providencias de comida; pues ya no tiene más que petaca y media de bizcocho: que dejase el barco, que él se quedaría custodiándolo con dos peones, ínterin se proveía de todo lo necesario.» Pasado tiempo escribió dos cartas, la una para el capitán de dicho fuerte, en que le pedía caballos y mulas para conducir al fuerte su gente y equipaje; y otra para mí, en que me suplicaba intercediese con dicho capitán para que con brevedad las despachase: estas dos cartas las trajo dicho práctico.

El 19 llegó al fuerte dicho práctico, y entregando la carta al capitán, sin aguardar más oficios, despachó con dos partidarios y dicho práctico las cabalgaduras que le pedía: y con ellas, puesto en camino dicho capitán comandante y algunos de los suyos, llegó al presidio el día 21, y su equipaje el 24, donde se mantuvo hasta el 26.

Hablé a dicho capitán comandante, animándole a la secuela de nuestro fluvial viaje, haciéndole presente, qué dirían de nosotros en asunto de tanto honor.

Que despachase a Salta por comestibles; que sentía hubiese arrojado el barco y canoa sin dejar custodia alguna, que nos mantuviésemos en aquel fuerte. A lo que me respondió con bastante enfado; que él sabia lo que debía de hacer: por lo que, no pudiéndolo persuadir, busqué caballo y me vine al Fuerte de Ledesma, que dista 30 leguas del de Centa.

El 29 llegó al Fuerte de Ledesma dicho capitán comandante con sus hijos y el Asesor; y volviéndole a instar a la secuela de nuestro viaje, y a hacerle cargo como había dejado arrojado al práctico Guzmán en el de Centa, y que había fletado un caballo para venirse; que lo llamase, y se hiciese cargo que no encontraría otro práctico; que ¿como no dejaba quienes custodiasen el barco? Respondióme a esto, «que ya había gastado bastante, y que no se le había olvidado lo que había de hacer». A lo que respondí, que tomaba el camino a descubrir el río, y cumplir con las órdenes de capellán y licencia de mis prelados.

Fuese este día para su casa, y nos dejó allí a mí y al práctico.

Reflexionando hallarme con despachos del Superior Gobierno, con patentes de mis Prelados regulares, y que a costa de los reales erarios había sido conducido de Europa a estas Américas el año de 1771, con el objeto de emplearme en la conversión de infieles; y que me hallaba ex-lege, sin asignación conventual, resolví por estos motivos el caminar, aviarme de lo preciso y seguir la navegación iniciada, con el fin de reconocer los indios y descubrir si el Río Bermejo era navegable; para que descubiertas y conocidas las naciones de sus orillas, pudiesen entrar misioneros apostólicos a cultivar la copiosa mies de la viña del señor, y otras utilidades que pudiesen resultar a favor del rey, Nuestro señor.

Ayudóme a esta resolución el ver al práctico Guzmán determinado a venir conmigo sin interés alguno, y al práctico don Juan Núñez con el estipendio de 80 pesos, y don José Parrilla europeo, y mi pajecillo: y habiendo suplicado a unos amigos me habilitasen de avios y regalías para los indios, lo ejecutaron con presteza, y haciéndome una remesa de seis cargas, clavos y herramientas para hacer una canoa, llegué al Fuerte de Centa, y sacando certificación del desistimiento de dicho capitán comandante, de los oficiales de dicho fuerte, llegué el 15 de noviembre de 1780 al mismo sitio, donde había dicho Cornejo dejado el barco con mi gente, cargas y cuatro arrieros, con el fin de trabajar mi canoa: cuando hallé la canoa que traía dicho Cornejo hacheada en un lado, y habiéndola compuesto, determiné caminar en esta. A las cuatro de la tarde seguí por el Río de Jujuy, y a poco trecho me salieron como unos 100 Mataguayos de la reducción de Centa, y dándoles unas regalías me despedí de ellos. Da el río vueltas de naciente a poniente, y sus orillas pobladas de sauces y montes: habiendo andado 7 leguas, paramos entre unos sauces al lado del poniente. En estas 7 leguas se forman diversas playas, y sus sendas algunas de dos cuartas: en una fue preciso descargar la canoa. Hallamos en una canal unas piedras, que son las únicas que tiene este río, de media vara de alto; estas están al lado del naciente. Esta noche cayó una fuerte tormenta de agua y viento, y me llevó el sombrero que lo necesitaba: pero en recompensa dióle al río lo que le faltaba para darnos paso franco.

El 16 salimos al ser de día, y encontramos tres playas; su senda de tres cuartas: dejábanse ver por una y otra orilla vistosas cejas de montes con famosas maderas. A la parte del naciente salióme una indiada de más de 300 de toda chusma, de nación Mataguaya, un ladino llamábase Mariano. Exhortéles a que abrazasen la Fe de Jesucristo, ponderándoles las ventajas que lograban, y los males de que salían: a que me respondió, quería reducción en el paraje llamado Mayjol, próximo de allí: diles buenas esperanzas, y regalándoles tabaco, cuchillos, gualcas y ropas, seguí mi camino.

A las ocho del día llegué al Río de Tarija, que por el poniente se incorpora con el de Jujuy, que viene del S. En estas juntas hace una anchurosa playa el río, que al lado del S está poblada de sauces y cañaverales: al lado del N es monte alto: aquí se acaban los montes, y desde aquí se llama este río el Bermejo, o Colorado. Da el río diversas vueltas de N a S: divisamos entre unos sauces, al lado del N, un indio a caballo, quien, para llamar los suyos, tocó una corneta: y como no viniesen, se desapareció de nuestra vista, por más que lo llamamos.

Hay a la parte del N una laguna grande. Anduvimos este día por el Río de Jujuy; 4 leguas, y por el Bermejo 7. Paramos a puestas del Sol: la sonda de este día por la playa, seis cuartas, y lo restante de tres y cuatro varas; a una y otra orilla todo es campo.

El 17 salimos de esta jornada, caminamos 19 leguas hasta que paramos en un recodo, y en este espacio de navegación observamos que nuestro río da diversas vueltas y revueltas al S, N y O. A las 6 leguas de camino entra un río llamado Santa Rita, o Mais Gordo, que debe su nacimiento a la Sierra del Alumbre, o Santa Bárbara. A las 2 leguas, dejando el río su natural vereda, rompe por extraño giro, y caminando poco más de legua, vuelve a la madre natural.

Hay diversas cejas de montes y campañas de una y otra banda. Al lado del N nos salió una indiada Mataguaya de unos 350, y entre ellos algunos Orejones; y habiendo practicado con ellos el mismo evangélico y piadoso oficio que con los pasados, e instándoles se redujesen, todo era decir: dame, padre. Diles taladro, cuchillos y gualcas, y me dieron paso franco: se arrojaron 6 indios de estos al río, diciendo, no les había dado a ellos: regalélos, y uno algo ladino se fue embarcado con nosotros como dos leguas. Al ponerse el Sol, por la parte del N nos salió otra indiada Mataguaya, de unos 200 indios de toda chusmas: arrojáronse al río, y tomando la canoa la llevaron a donde estaban. Repartíles algunas cosas, y habiendo dado unas varas de ropa a uno que al parecer era el que más mandaba, le dije: toma capitán; y cuantos había querrían ser capitanes, porque les diese más: dos de estos se vinieron embarcados con nosotros como una legua. La sonda de este día en las playas, de más de a seis cuartas, y lo demás de tres varas: y habiendo parado de noche junto a unos sauces al lado del S, vi cenar a mis cuatro convidados, y habiendo llovido esta noche, se valieron de la oscuridad para robarme mis jergas, unos calzones de un peón y otras cosas.

El 18 salimos de aquí como a las ocho del día, y caminando como 4 leguas, entraba en nuestro río, entre unos sauzales, otro por la parte del S con sonda de media vara, que dicen ser el Dorado, que debe sus vertientes al Cerro del Alumbre. De esta entrada, a la media legua, el río, dejando su antigua madre, se extraña hacia la parte del S por espacio de una legua, y vuelve a su natural cajón. A la parte del N registramos una ranchería, en la que se dejó ver un indio, y al vernos echó a huir. Aquí topamos algunos tilbes armados para pescar: su construcción es de palos parados, tejidos con juncos, y les dejan una puerta, y entra por ella el pescado, y cerrada la puerta le toman con abundancia.

Encontramos a la parte del N una laguna grande, cuyas aguas, aunque en pequeña copia, se entran en el río. A la parte del N encontramos cinco rancherías desiertas. Paramos esta noche en una península: anduvimos este día 15 leguas. La sonda en la playa es de seis cuartas; lo demás del río, de más de tres varas: sus márgenes todo campos y sauzales. Bien anochecido, pasaron 10 indios de la banda del S a la nuestra. Repartíles algunas cosas: me dijeron que su ladino era Amaya, y contentos se despidieron.

El 19 caminamos siguiendo nuestro rumbo al oriente, y de allí a corta distancia se divide el río en dos brazos, que se juntan a las dos cuadras. A la parte del S se halla una ranchería grande despoblada, que se supone ser de indios Mataguayos: a la parte del N se incorpora un río con el nuestro, que llaman unos de San Antonio, y otros de las Conchas, cuyo giro viene del N, y su nacimiento totalmente incógnito: en la entrada tiene de sonda media vara.

A las 3 leguas de este río, a la parte del N, salió una indiada Mataguaya, de unos 200 de toda chusmas tenían lenguarás en la lengua quichua, y por medio de mi paje exhortéles a la conversión de la Fe: y haciendo poco aprecio, solo aspiraban a pedir tabaco y otros cosas. Regaléles y quedaron contentos: mas unos 12 de estos, ocultándose entre los sauces, me siguieron dos leguas, y arrojáronse a la canoa. A este tiempo, saltó de la banda del S, otra indiada de más de 300 Matacos de toda chusma, y huyeron los 12 que me seguían.

Son todos de una misma nación, pero enemigos declarados los del S con los del N; y suelen decir los del S: Mataco bueno, Mataguayo malo, y al contrario los del N. Estaban todos bebidos, cayeron sobre la canoa, y apoderados de ella, nos llevaron donde estaba la chusma. Salté a tierra, y preguntéles: ¿qué querrían? que yo era su amigo, que los regalaría, que no hiciesen daño a los míos. Hablaban con enojo en su lengua, y al cabo de un buen rato dijo el ladino: saca, padre, mucho tabaco, bizcochos y cuchillos. Diles con abundancia, y no hubiesen quedado contentos, si no hubiese dado a algunos de los capitanes un sombrero y unas varas de ropa. De allí, como a la legua, salió otra indiada, como de unos 200 de toda chusma: practicaron la misma diligencia que los antecedentes, quisieron llevárselo todo: pero habiendo dado a un capitán, que mandaba entre ellos, unas varas de ropa y seis cuchillos, los contentó el capitán con unas gualcas, charque y bizcochos que les di, y me dieron paso. A la media legua, a la parte del S, topamos una ranchería a las márgenes del río, que era de un indio ladino llamado Francisco: recibióme este indio con mucho agrado, a quien exhorté acerca de su reducción: hícele presente nuestra santa ley; y me dijo, que su hermano Estevan, y él con el indio Mariano, querrían reducción en Mais Gordo. Diles algunas cosas: serían de toda chusma poco más de 100: paramos junto a la misma ranchería. La sonda, de a seis cuartas: anduvimos este día, por las continuas paradas, 8 leguas; todo es campo en las márgenes de este día, con algunas cejas de monte.

El 20 amaneció lloviendo con fuerte viento, mas por huir de los indios caminamos como una legua: y lloviendo como estaba, de la parte del N se arrojaron al río, entre hombres y mujeres, mas de 200, que algunos estuvieron ya para ahogarse. Llegaron a la canoa, y apoderados de ella, querrían llevarlo todo: diles algunas cosas, y dejáronme. Arriméme a un recodo de la parte del N, donde pudimos refugiarnos del agua y del viento. Todo este día paré, e iban y venían los indios, a quienes les mostraba por su ladino las verdades de Jesucristo, y las mentiras de Satanás. Este día a don José Parilla le dio un accidente, que quedó más de una hora por muerto; y salimos poco después por haberse aliviado dicho Parilla. Anduvimos una legua: la sonda de tres varas.

El 21, saliendo al amanecer, a la legua de camino encontramos una ranchería de 150 indios de toda chusma, al lado del N, que nos estaban aguardando dentro de unos sauces, y uno de ellos en voz alta, dijo: si no hay tabaco, no hay caballo. Comprendíle el misterio, y atracando la canoa donde estaban, dándoles tabaco y otras cosas, paré. A poco volvieron a salir 6 indios, de los que ya dejábamos atrás, diciendo, que a ellos no les había dado tabaco: volvíles a dar, y se fueron. Aquí el río da vuelta a la parte del N por espacio de dos leguas, y vuelve al naciente. A la parte del S salió una indiada Mataca: su ladino se llamaba Luis, a quien antes conocía; pues este con su gente trabajó en Salta en el convento, estando yo de guardián; y de toda chusma habría 220. Tratéles de su conversión, y me respondió que ya había tratado con su amigo el señor Arias. Regalélos, y me regaló dicho ladino un poco de miel: paramos junto a unas rancherías a la parte del S. Dijéronme los indios que serían como unos 200 de toda chusma, que su ladino era López, que vendría presto (conocía a este indio) y lo mandé llamar. Anduvimos este día 13 leguas: la sonda de a más de 6 cuartas en la playa, y lo demás de tres varas. Las orillas del río en este día son campos, sauzales y cejas de monte: diles a estos indios bizcocho y carne para cenar.

El 22 por la madrugada llegó el dicho ladino López, habléle a él y a los suyos, exhortándolos a que pidiesen reducción, y me dijo, que él, con el hijo del difunto José Antonio, habían hablado al señor Arias, cerca de reducción.

Preguntéles donde estaba el José Antonio, y qué familia tenía: y me dijo, «ya lo has pasado, pues está dentro, en unas lagunas, y tiene más de 200 indios».

Regaléles cuchillos, ropa, tabaco y otras cosas: diéronme unos zapallos, y me despedí de ellos.

A la legua de camino, al lado del N de un bosque espeso de sauces, salió un indio: huyó al vernos, y habiendo ido a llamar a sus compañeros, como a la legua, nos salió una comitiva de indios, que serían 50, todos con armas.

Pidiéronme tabaco; mas un viejo con desagrado daba voces en su lengua, y me quitó de la mano el tabaco que tenía, como enfadado: diles otras cosas y se fueron. Da el río muchas vueltas de N a S por campos abiertos. A la parte del N salieron 12 indios con tu ladino: diles tabaco y bizcocho, y todo era preguntar

¿donde parábamos aquella noche? Siguiéronnos, ocultándose a trechos más de dos leguas, y habiendo encontrado a la parte del S dos indios de la ranchería de Josengo, les dije lo llamasen. Seguíannos los del N, ocultándose a veces, y habiendo llegado Josengo con su gente, luego que vieron a estos, dispararon los 12 que nos seguían.

Hablé con dicho Josengo, y otro ladino llamado Ignacio, acerca de su conversión, y me dijeron ambos, que ya habían tenido tratados con dicho señor Arias, que en fe de su deseo le habían dado cuatro muchachos hijos suyos, para que los tuviese como en rehenes. Regaléles algunas cosas, y paramos en este paraje, que dijeron llamarse los Caimanes: anduvimos este día 14 leguas. La sonda por las playas de más de seis cuartas, y lo restante de más de tres varas: pobladas las márgenes del río de campos y sauzales.

El 23 al amanecer regalé a toda la chusma que había llegado esta noche, que serían 250. Despedíme de mis amigos: nuestro río da vueltas y revueltas, sin perder su natural giro al naciente. A las dos leguas, del lado del N, salieron como 80 indios Mataguayos, arrojáronse al río, apresáronme la canoa, y furiosos querrían estorbar nuestro tránsito: pero al cabo del tabaco y otras regalías se rindieron, y nos dieron paso franco. Como a las 5 leguas, a la parte del S, encontramos con la ranchería de Lope Mozo, de nación Mataca, que componía el número de 130 indios de toda chusma: recibíome con agrado: demostróme el gozo que tenía de la oferta de reducción que les había hecho el señor Arias, y habiéndolos regalado, en recompensa diéronme una lechiguana, y gustosos se despidieron.

Como a las tres leguas de esta ranchería, a la parte del S, encontré con la del ladino Tineo, que se compondrá de más de 300 indios, entre chicos y grandes: diles a entender por dos ladinos que tenían, la ceguedad en que vivían; los daños que les habían de resultar de la idolatría a sus almas, y por esta las necesidades que pasaban: que prestasen vasallaje al rey, mi señor, de las Españas, que este señor los favorecería: y siendo estos, como los judíos, carnales, expliquéles con ejemplos materiales las ventajas que lograrían en nuestra religión, de presente y de futuro. Diles a entender la hermosura de la gracia, y la fealdad del pecado, la eternidad consabida en uno y otro extremo de pena y gloria, con la duración del alma, y otros puntos que juzgué por convenientes, los que oyeron con gusto: y tratándoles de reducción, un ladino, llamado Lorenzo, me respondió lo mismo que ya me había informado Ignacio, su compañero; por lo que conocí de cierto en estos deseo de reducirse.

Preguntéles por su caudillo Tineo, y me dijeron, que estaba muy enfermo, y distante de allí 15 leguas, por lo que con harto dolor mío no pude ir a socorrerle en su mayor necesidad. Diles a todos varias regalías, especializándome con los dos ladinos: quedáronse gustosos, y despedíme de ellos. A la legua, a la parte del N, salieron unos 50 indios Mataguayos; diles tabaco y unas gualcas, y quedaron contentos. Paramos este día en un recodo que hace el río a la parte del S. Anduvimos 18 leguas: la sonda, por lo menor, seis cuartas, lo más cuatro varas. Llaman a este paraje la Esquina: las orillas del río son campos y cejas de montes.

El 24 salimos al ser de día: a las dos leguas encontramos una caja de monte alto, con árboles de palo santo, a la parte del S, y a la del N, eminentes palmares que siguen como 6 leguas. Encontramos este día a la parte del S, una ranchería despoblada, cuya construcción indicaba ser de Chunupíes, con algunos pescaderos que tenían en el río: aquí paramos en esta ranchería, habiendo caminado 18 leguas. La sonda lo menos de dos varas, lo más de cinco y seis.

Registramos en sus orillas este día montes, palmares y campos.

El 25, caminando de esta jornada, llegamos a la ranchería del famoso general de los Chunipíes, Sinipés y Malbaláes, Antecapibax, a quien encontré con sus dos valerosos capitanes, Chinchin y Guanchil, y habiéndoles hablado sobre su conversión, me dio a entender dicho general el deseo de su conversión, y cuanto placer había tenido de conocer al español, y haber tratado a su amigo, el general Arias; y que hacia muy poco había mandado mensaje acerca del sitio de su reducción, avisándole de su grave enfermedad que había padecido, en la que imaginó morir; pero que el Dios de los cristianos le habría otorgado tiempo para cumplir sus deseos: que él y las tres naciones de su mando estaban prontos a cumplir su escritura. Agradóme mucho esta gente, que es agigantada, hermosa de rostro, blanca, despejada, muy culta y aseada en su vestido. Es dicho general muy circunspecto y afable, sin que desmienta su señorío a su gratitud: es temido y respetado de los suyos; pues, queriendo bajar algunos solteros y solteras a la canoa, para verla por curiosidad, mandóles en su lengua se estuviesen quietos, y lo practicaron, y a súplicas mías se les permitió paso a su curiosidad, que a no lo consiguiesen.

Hízome presente, que su amigo, el español Arias, les había recomendado a los que viniesen por agua, y que en su poder había dejado una vaca para que la diese a nuestra pasada: que estaba pronta, y que ya había enviado por ella.

Agradecíles, y les dije que la comiesen en mi nombre. Gratifiquéles cuanto pude, y suplicáronme quedase allí aquel día con ellos, a cuyo ruego no pude condescender. Al despedirme, me abrazó dicho general, y me suplicó intercediese mi respeto para que su amigo Arias les diese reducción en aquel paraje, y le persuadiese que esta mudanza no era veleidad de su parte, sino buscar para los suyos su mayor comodidad: que estuviese cierto de su constante amistad, y rogóme una y muchas veces fuese yo su cura. A una y otra súplica le ofrecí el sí. Regalóme un cordero, que a la verdad estaba hermoso de gordo, y despedíme. Se compone esta ranchería de Chunupíes y Malbaláes, de 330 indios de toda chusma.

De esta ranchería, en distancia de 5 leguas a la parte del N, salió otra de Mataguayos, de 130 indios de toda chusma. No tenía ya tabaco que darles, que es lo que más aprecian, y se contentaron con sal, bizcocho, charque y unos clavos que traía. Encontramos por la parte del S tres rancherías de Chunupíes, despobladas: paramos en la última a hacer mediodía; y estando comiendo, pasó una india Sinipé a caballo, cerca de nosotros: llaméla y vino a donde nosotros estábamos. Dile un poco de bizcocho y unas cintas, y generosa, echando mano a sus mochilas, me regaló todos los choclos y zapallos que traía, y se fue: estando comiendo llegaron otros dos indios Sinipés: comieron conmigo, y se fueron. Seguimos nuestro camino, y habiendo andado 16 leguas este día, paramos junto a unas barrancas salitrosas; su altura de tres varas. La sonda de este día, por ir el río recogido, de más de dos varas en lo menos, y en lo más, de seis y siete varas: las márgenes del río están pobladas de palmares y cejas de montes. Ya anochecido, pasó de la banda del N un indio Mataguayo: convidéle a cenar conmigo, y después de haber cenado bien, se despidió con señales de amigo, y a la media noche vino por el agua con otros cinco indios, y nos hurtaron la caldera de calentar agua, un plato de estaño y otras cosas.

El 26 vino un indio Sinipé, con su lanza a caballo: dile un cuchillo, y díjome: yo Sinipé bueno, Mataguayo malo: yo guapo: siguió la orilla del río en pos de nosotros. A poca distancia salió de la parte del N una indiada Mataguaya, de ciento y más indios, siendo su caudillo el antecedente convidado y ladrón nocturno: se arrojaron a la canoa, y el indio Sinipé que nos acompañaba, se arrojó al río y pasó donde yo estaba, y habiéndoles regalado charque, bizcocho y gualcas, quedaron contentos. Siguiéronnos unos 12, y nunca se atrevieron a llegar, temerosos del indio Sinipé que a caballo nos acompañaba: fuese el indio Sinipé. Este día caminamos 16 leguas; su sonda por las playas, de seis cuartas, lo demás de tres varas. Las orillas del río son campos abiertos, palmares y árboles de palo santo: gira su curso derecho de poniente a naciente, con solo una vuelta que da, como de una legua, hacia el poniente.

El 27 caminamos 18 leguas: la sonda como el antecedente día, y lo mismo las márgenes del río. Encontramos unas rancherías desiertas, y en una de ellas había dos perros que nos siguieron. Observamos en adelante una gran quemazón a la parte del N, y a la del S nos salieron 6 indios Sinipés, que habiéndolos gratificado, uno de ellos recomendó su caballo a sus compañeros, se encontró en la canoa, y nos acompañó todo este día y esta noche.

El 28, habiendo salido con el Sol, a las dos leguas de camino a la parte del S, nos salieron unos indios Sinipés; uno de ellos era algo ladino: preguntéle por su capitán, y díjome que se llamaba Dupulem; que estaba allí cerca, que le iría a llamar. Con efecto, a las dos leguas salió dicho capitán, con su ladino e indiada de más de 200 de chusma. Exhortéles a la Fe de Jesucristo; respondiéronme que su general, y el español Arias habían tratado sobre este punto; y aunque sus soldados habían variado cuanto al sitio, había sido con pesar suyo, porque él quedó con el español en salir a la Cañada del padre Roque: pero que su general y soldados habían mudado de consejo en esta parte, y que él estaba en ánimo de pasar a Lacangayé a dar cuenta al Apú (que así llaman al superior en su lengua).

Me dio una carta, que el Auditor de la expedición reduccional había dejado para el de la fluvial: regalóme un cordero y unos zapallos, quedándome corrido a vista de esta generosidad no tener mucho que regalarles. Solo esta indiada, como la pasada, es hermosa, culta, bien criada y vestida: despedíme de ellos, y aquí se quedó el indio que me vino acompañando.

A poco, al lado del S, salió una indiada de nación Atalulá, de unos 60 de toda chusma, de la reducción de Macapilo, y su ladino se llamaba Pascual. Enterado de sus apostasías, exhortéles con amor fuesen a su reducción: y me respondieron, que al regreso de su cura, el padre fray Antonio Lapa, del orden seráfico, tenían tratado su vuelta. Propúsele me acompañase hasta donde estaba el señor Arias, y le daría unas varas de ropa, aceptó el partido, y se embarcó con nosotros: y habiendo dado a los suyos bizcocho, sal y yerba, seguimos por el río; y saltando por dos veces en tierra, reconocimos en estas dos partes el nuevo carril que había abierto la expedición reduccional. Anduvimos este día 12 leguas, la sonda, de más de seis cuartas en las playas, y lo restante de cuatro varas. Observamos a una y otra margen cejas de montes, campos y algunos palmares: todo este día el río corre al naciente.

El 29, acompañados del indio, anduvimos 18 leguas: observamos a una y otra banda del río famosos campos, cejas de monte y palmares que lo hermosean.

La sonda como en la antecedente jornada: da el río este día tres vueltas, dos al N y una al S, y vuelve a su natural giro, que es el naciente.

El 30 caminamos 17 leguas, y en distintas partes se observan barrancas salitrosas, y en ellas el nuevo carril. La sonda, de siete cuartas lo menos, lo más de cinco varas. Observamos a una y otra margen del río repetidas cejas de monte y barrancas salitrosas: da el río repetidas vueltas de N a S, y una al poniente.

Diciembre

El 1.º de este mes caminamos 13 leguas: a las 6 leguas encontré con una ranchería de Mataguayos, a la parte del N, como unos 100: regaléles un poco de bizcocho, y caminé. Como a las dos leguas encontré con una ranchería de Tobas a la parte del S. Dijéronme que eran del pueblo que se estaba haciendo: serían como 200 de toda chusma, y habiéndoles pedido un indio para que acompañase a don José Parrilla, por tierra, adonde estaba el comandante general don Francisco Arias, y darle aviso de mi llegada, franquearon indio y caballo, y dijéronme distaba el nuevo pueblo cinco leguas: regalélos, y a la media legua había a la parte del N una ranchería de 100 Mataguayos. Arrojóse un Mataco tuerto al río, pidiendo tabaco; metieron prisa a la canoa mis remeros, y no nos pudo dar alcance. En las márgenes este día eran más frecuentes las cejas de montes y algunos campos, y da vueltas el río de N a S: la sonda de este día, de siete cuartas. Al ponerse el Sol paré en frente del nuevo pueblo de San Bernardo el Vertiz, que se principiaba a edificar: dejé mi canoa distante como media legua del pueblo, y pasé a ver al señor Arias.

Recibíome este con alguna suspensión; y preguntóme ¿como no venía el comandante Cornejo? Informéle de su regreso a Salta y desistimiento de su empresa. Mandó dicho señor se tomase sumaria información del suceso, y que ínterin se producía, yo y los míos nos mantuviésemos a raigo en dicho pueblo.

Prodújose la información mandada, y por auto definitivo resolvió S. S. ser mi relación verídica, y no haber embarazo para mi transporte: pero que, atendiendo al piadoso fin que me trajo, y que estos pueblos estaban escasos de operarios apostólicos, por no haber venido los curas doctrineros, me mantuviese en dicho pueblo para dar el pasto espiritual a los indios, y finalizados que fuesen, seguiría mi viaje. Este mandato era en nombre del excelentísimo señor virrey de Buenos Aires, de quien en este particular tenía por cartas sus facultades.

Obedecí el mandato.

Mantúveme en el ministerio de la conversión, a que se me había destinado en dicho pueblo de San Bernardo, hasta el 26 de enero; en cuyo día salí conduciendo en mi canoa, con mis prácticos y remeros, al comandante general, y siete de sus oficiales, al pueblo de los Mocobíes de Dolores de Santiago: nos dimos a la vela el referido día, como a las 11: da el río vueltas de N. a S. Como a las cuatro leguas a la parte del N había una ranchería: manifestáronse algunos indios, mas ninguno llegóse junto a la canoa. Da una vuelta el río de una legua hacia el N: vuelve a su natural giro: paramos al lado del N, junto a un sitio que llaman la Laguna Quemada. La sonda de este día, lo menos de tres varas, lo más de seis. Caminamos 11 leguas: las márgenes del río son cejas de montes y campos.

El 27, caminamos al salir el Sol: a las 4 leguas a la parte del S, sale del río una laguna grande: como a las 2 leguas hay en el río una isla pequeña. Encontramos al lado del N una ranchería de Tobas, como de unos 200. Deja el río el curso antiguo que corría al N, y rompe al oriente: anduvimos este día 14 leguas: la sonda y márgenes del río como en el antecedente día: paramos media legua enfrente del pueblo de Dolores de Lacangayé, al que nos fuimos todos.

Mantúveme en este pueblo hasta que se hizo la colocación de la iglesia, cuyo sermón prediqué; y habiendo mandado hacer el comandante general una canoa, aunque pequeña, con la nuestra hicimos una balsa, y en ella se embarcó S. S.

en compañía de otros 18 más, el día 9 de febrero del presente año a puestas del Sol. Anduvimos media legua por causa del viento; la sonda, de tres varas.

El día 10 salimos al salir el Sol: da el río vueltas de N a S, todo campo y tales cuales cejas de montes: la sonda de este día, de tres varas lo menos, y lo más seis y siete: anduvimos este día 12 leguas.

El 11, salimos al romper el día, y da el río repetidas vueltas de N a S. aunque no muy dilatadas: vuelve a su giro natural que es el naciente. Encontramos unas rancherías viejas: la sonda de este día y márgenes del río, como en el antecedente día: anduvimos 14 leguas.

El 12, salimos al salir el Sol: bojea el río a todos rumbos: al lado del N estaba la ranchería del capitán Nogoniti, de nación Toba, con unos 80 de toda chusma del pueblo ya fundado. A este rumbo del N sale del río una laguna grande: al lado del S encontramos con los caciques Dadignoti y Quiniguayquin de nación Mocobís, con sus familias. A este rumbo hace el río barrancas de altura de seis varas, y el cimiento de tierra negra: aquí hace el río una herradura, y angosta por espacio de 8 leguas, siendo su anchura de 50 varas. Aquí salió al lado del S una indiada, de unos 80 indios Mocobíes del cacique Almelcoy: paramos anochecido al lado del N. La sonda, de tres varas lo menos: anduvimos este día 18 leguas: todo es campo este día, cejas de monte, y solo sigue a uno y otro margen el monte como unas 5 leguas.

Día 13, salimos al amanecer, sigue el río recogido y su anchura de más de 60 varas: su rumbo de S a N con repetidas vueltas, y otras al naciente: a un lado y otro algunas cejas de monte y sauzales. Hállase al lado del N una ranchería despoblada: paramos con una hora de Sol al lado del S, en el sitio que llaman el Paso de los Guaycurús: anduvimos este día 16 leguas: la sonda de más de 3 varas lo menos.

Día 14, salimos al amanecer: a la legua de camino al lado del N, encontramos un madrejón que le administra agua al río. A las 10 leguas se divide el río en dos brazos, el del S de más agua, y el del N de menos: hace aquí el río un remanso grande: no entra este día el brazo que se apartó. Todo este día son cejas de montes, y sauzales las márgenes de nuestro río: paramos a puestas de Sol: anduvimos este día 18 leguas: la sonda de más de tres varas lo menos, y lo más de ocho y nueve.

Día 15, salimos al amanecer, sigue el río estrecho. A las 3 leguas encontramos una división del río en dos brazos, junto a este un remanso, y en él tuvimos alguna demora para salir, por la violencia de las aguas y la desigualdad de las canoas: a poco entra este en el río: sale al lado del N un poco de agua del río, y gira su curso hasta dos cuadras: sale a la parte del N un brazo del río, y entra este a la media legua. Todo este paraje es barrancas de tierra negra: ábrese el río en dos brazos, uno al S y otro al N, el del S de más agua. Se halla en medio del río una isla de ocho varas de largo y seis de ancho: divídese en otros dos brazos, uno al S y otro al N, y entra a las 6 cuadras: entra al lado del N un río de los brazos antecedentes, que habían salido de este rumbo. Sale un brazo de este río al lado del S, en medio hay una barranca de 12 varas de altura y hace isla, y vuelve a entrar en el río. Anduvimos este día 15 leguas: la sonda, de más de tres varas: se componen las orillas del río de sauces, cejas de montes y algunos palmares.

Día 16, salimos al romper el alba: sigue el río todo palmares sin barrancas: a las 3 leguas al lado del S sale un madrejón con un poco de agua, al lado del N hay una laguna grande, entra por la parte un brazo de agua que es el primero que se apartó, aunque este dicen sale cerca de la nueva reducción de Remolinos. Se acaban los palmares, que tendrán 7 leguas de largo: entran sauzales y montes: entra en el Río del Paraguay al ESE: su anchura de más de 100 varas: a su entrada hace una laguna al lado del S. Anduvimos esto día 18 leguas, habiendo entrado como a la una del día en el Río del Paraguay.

Dista esta entrada del Fuerte de Curupaytí de los Correntinos, 11 leguas, de Corrientes, 23.

No se halla en Río Bermejo, desde las juntas del Río de Jujuy con el de Tarija, una piedra ni palizada.

Siguiendo por el Río del Paraguay, a las 11 leguas de navegación encontramos a la parte del S un Fuerte, llamado Curupaytí de Correntinos: siguiendo de este fuerte el río, y entrando en un brazo que va a juntarse con el Paraná-Miní, navegando por dicho Paraná, a las 13 leguas de navegación llegamos a la ciudad de San Juan de Vera de las Siete Corrientes.

Noticias de las leguas, maderas, géneros de peces,
animales terrestres y acuátiles que se observan en los
ríos de Tarija, Cenia, Jujuy y Bermejo

Desde las juntas del Río de Ledesma con el de Jujuy, que este corre de S a N por un dilatado valle, entre las dos famosas sierras de Calilegua y del Alumbre, o Santa Bárbara, hasta juntarse con el Río de Tarija, hay por agua 47 leguas, y por tierra 27. Desde el Fuerte de Nuestra Señora de las Angustias de Centa, hasta las juntas de dicho río con el de Tarija, por agua 3 leguas, por tierra 2; y de estas a las juntas del de Jujuy, por agua 26 leguas.

Juntos los referidos ríos, que desde aquí se llaman el Bermejo, hasta el nuevo pueblo de San Bernardo el Vertiz, y el de Dolores de Santiago, hay por agua 222 leguas, y por tierra 115. De estos pueblos a la entrada del Bermejo con el del Paraguay, hay 85 leguas por agua, y por tierra 50. De la entrada en el del Paraguay al Fuerte de Curupaytí, por agua 11 leguas: de este fuerte a la ciudad de Corrientes, 12; que en su resumen, desde la ciudad de Corrientes hasta las juntas del Río de Jujuy con el de Tarija, que es hasta donde es navegable el río en embarcaciones de seis a ocho mil arrobas (según el parecer de mis dos prácticos) hay por agua 281 leguas, y por tierra 173. El Río de Jujuy nunca es navegable, por lo extenso de sus playas y palizadas: desde donde es navegable el río, hasta el pueblo de Humaguaca por camino transitable, hay 28 leguas.

En el valle que forman los dos ríos de Jujuy y Tarija, hay de S a N, 80 leguas de latitud, y de longitud 28, y en este sitio hay famosas maderas de cedros, pacaráes, nogales, laureles, lapachos, quina-quina y otras más. En las márgenes del Bermejo y sus campos se hallan vinales, palo santo, algarrobos y palmas.

Se hallan en dichos ríos pescados con abundancia, como son dorados pacúes, robalos, surubíes, armados, rayas, patíes, sábalos, palometas y bagres.

En la misma forma se hallan animales acuátiles, como son lobos blancos, negros y bermejos, nutrias, capirabas: y de los terrestres, tigres, leones, osos hormigueros, corzos, venados, jabalíes y liebres.

Naciones de indios que se hallan a las márgenes del
Bermejo
A la parte del S, caminando de poniente a naciente, Matacos, Chunupiés, Sinipés, Malbaláes, Corroas, Atalaláes,
Pasaynes, Tobas, Mocobíes: a la parte del N, Mataguayos,
Orejones, Chiriguanos, Pelichocos, Pitaleáes, que en lengua
de indios se ha corrompido en Pitelahas, Cocolotes, Ini-
macás, Muchicois y Sotenahás, Tocoyteís, que así llaman a
los que llamamos Tobas, Cayjafáes, que a todos los de estas naciones llamamos los españoles Guaycurús, no porque
haya nación de Guaycurús, sino porque esta voz Guaicurú
significa inhumanidad o fiereza. Están estas naciones entre
el Bermejo y Pilcomayo, y tienen el mismo idioma que los
Tobas.

Libros a la carta

A la carta es un servicio especializado para
empresas,
librerías,
bibliotecas,
editoriales
y centros de enseñanza;
y permite confeccionar libros que, por su formato y concepción, sirven a los propósitos más específicos de estas instituciones.

Las empresas nos encargan ediciones personalizadas para marketing editorial o para regalos institucionales. Y los interesados solicitan, a título personal, ediciones antiguas, o no disponibles en el mercado; y las acompañan con notas y comentarios críticos.

Las ediciones tienen como apoyo un libro de estilo con todo tipo de referencias sobre los criterios de tratamiento tipográfico aplicados a nuestros libros que puede ser consultado en Linkgua-ediciones.com .

Linkgua edita por encargo diferentes versiones de una misma obra con distintos tratamientos ortotipográficos (actualizaciones de carácter divulgativo de un clásico, o versiones estrictamente fieles a la edición original de referencia).

Este servicio de ediciones a la carta le permitirá, si usted se dedica a la enseñanza, tener una forma de hacer pública su interpretación de un texto y, sobre una versión digitalizada «base», usted podrá introducir interpretaciones del texto fuente. Es un tópico que los profesores denuncien en clase los desmanes de una edición, o vayan comentando errores de interpretación de un texto y esta es una solución útil a esa necesidad del mundo académico.

Asimismo publicamos de manera sistemática, en un mismo catálogo, tesis doctorales y actas de congresos académicos, que son distribuidas a través de nuestra Web.

El servicio de «libros a la carta» funciona de dos formas.

1. Tenemos un fondo de libros digitalizados que usted puede personalizar en tiradas de al menos cinco ejemplares. Estas personalizaciones pueden ser de todo tipo: añadir notas de clase para uso de un grupo de estudiantes, introducir logos corporativos para uso con fines de marketing empresarial, etc. etc.

2. Buscamos libros descatalogados de otras editoriales y los reeditamos en tiradas cortas a petición de un cliente.

ᴸᴷ

www.ingramcontent.com/pod-product-compliance
Lightning Source LLC
Chambersburg PA
CBHW020607030426
42337CB00013B/1261

9788499530505